AGUAS
Tranquilas

Adulto Edición Del Libro
Naturaleza Del Colorante

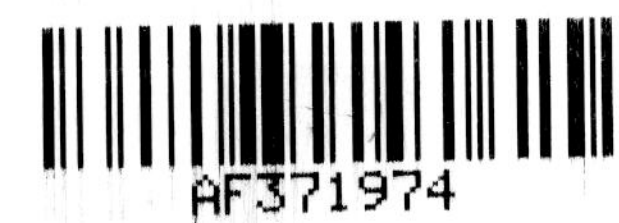

Coloring Bandit

Publicado por Speedy Publishing Canada Limited

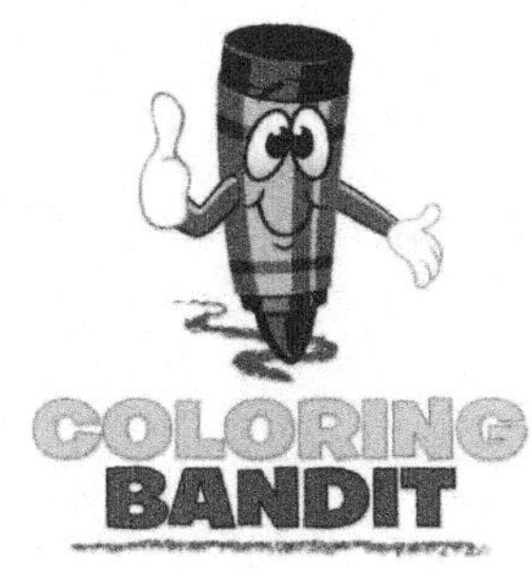

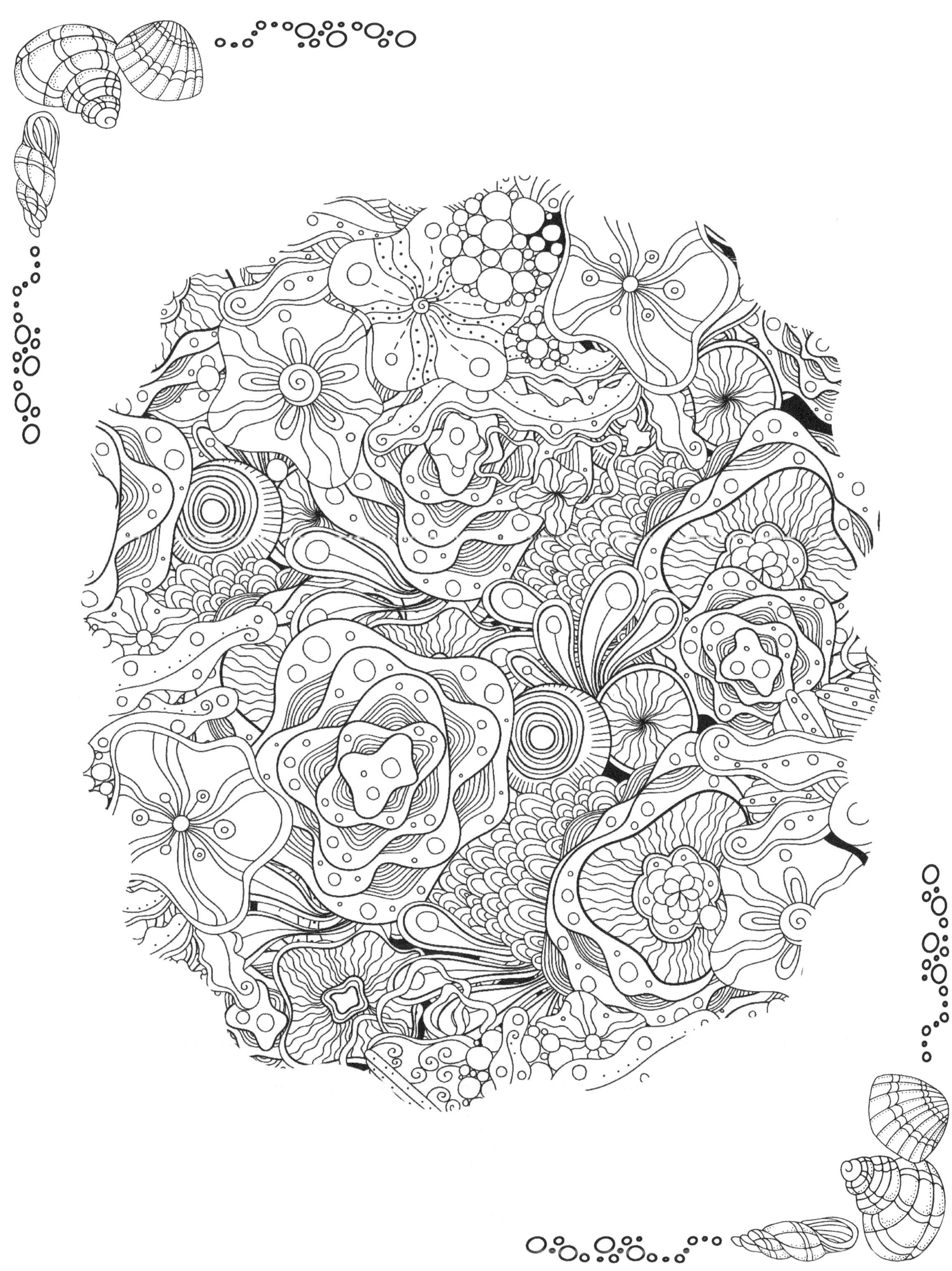

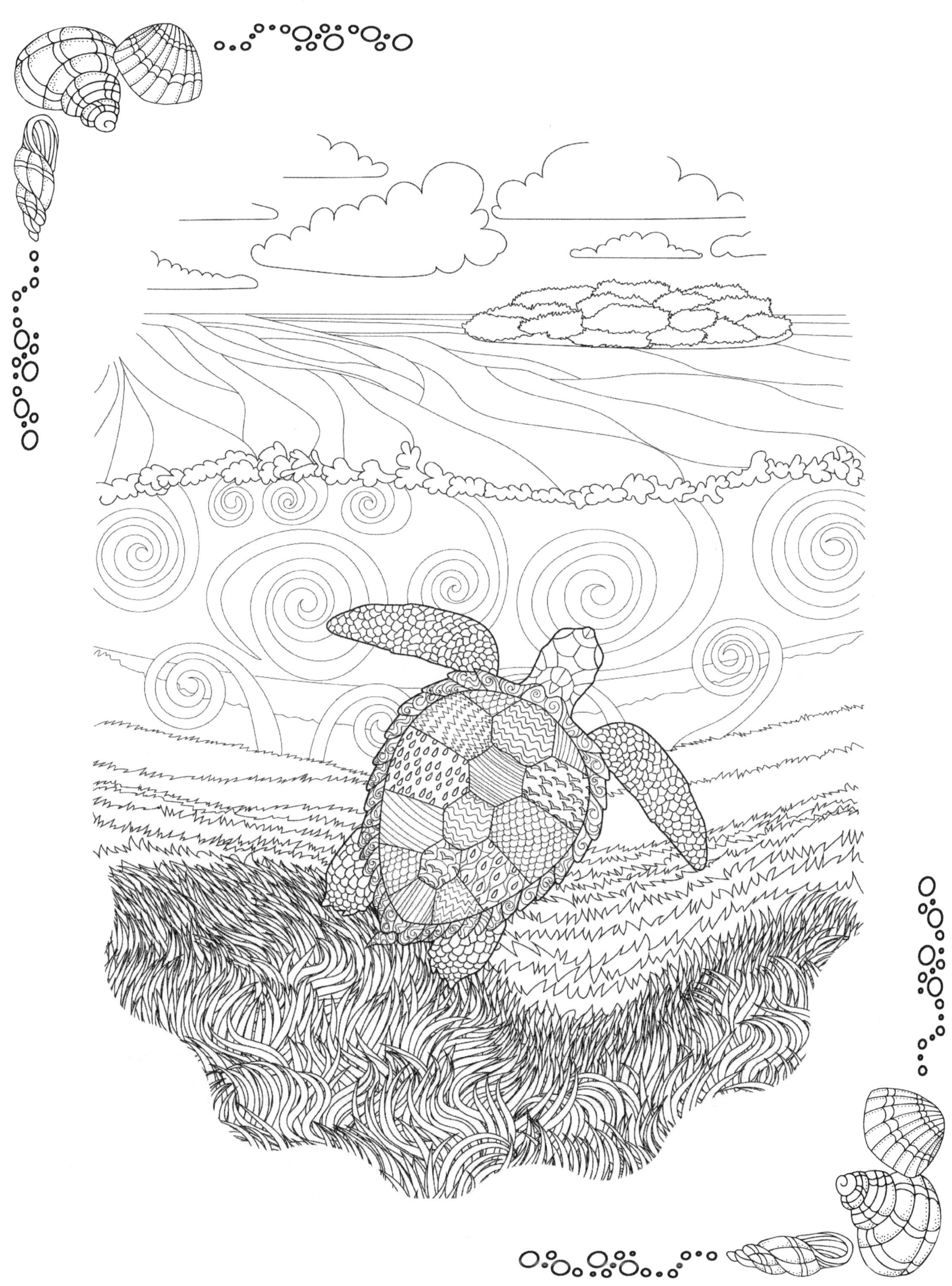

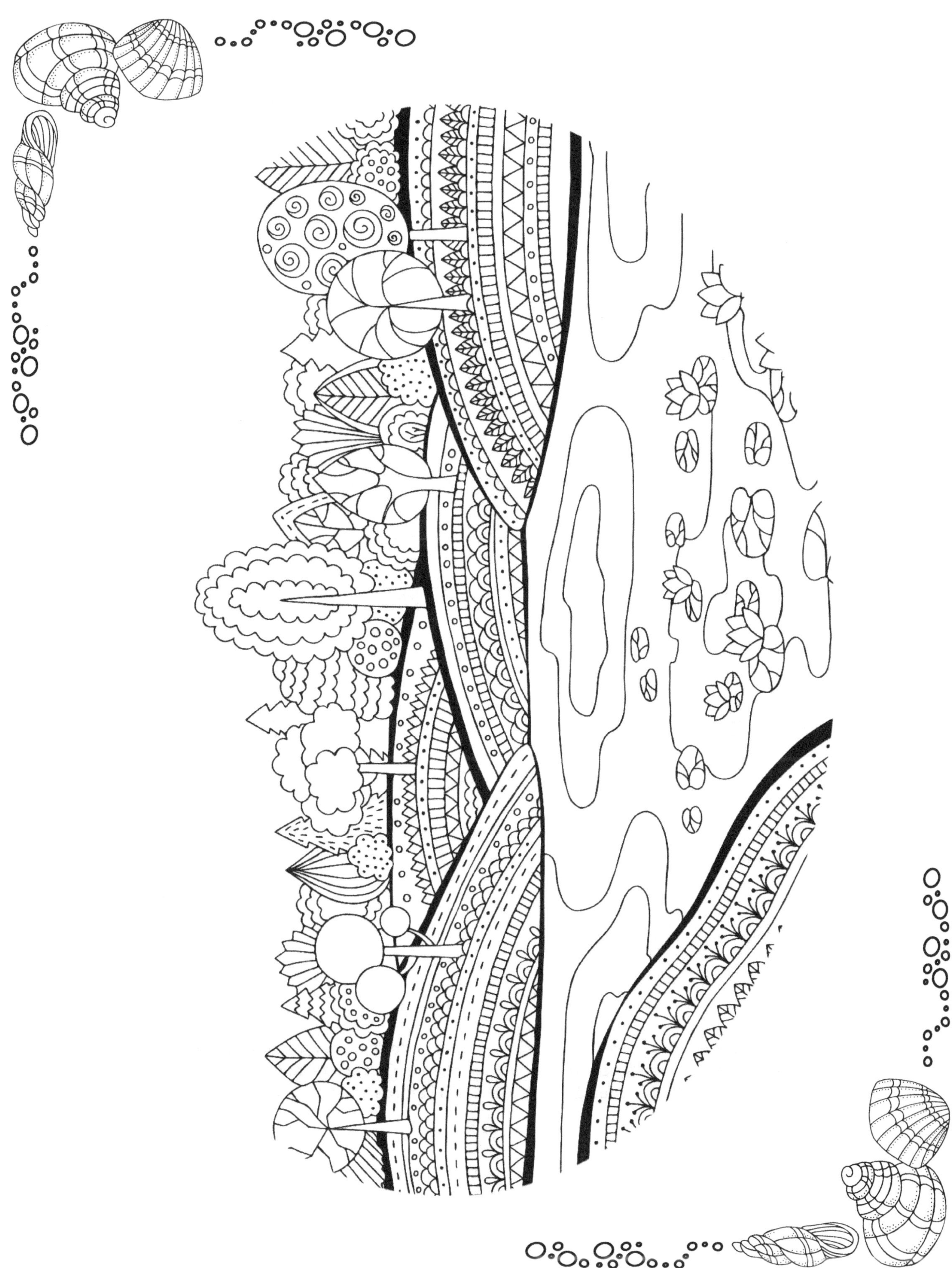

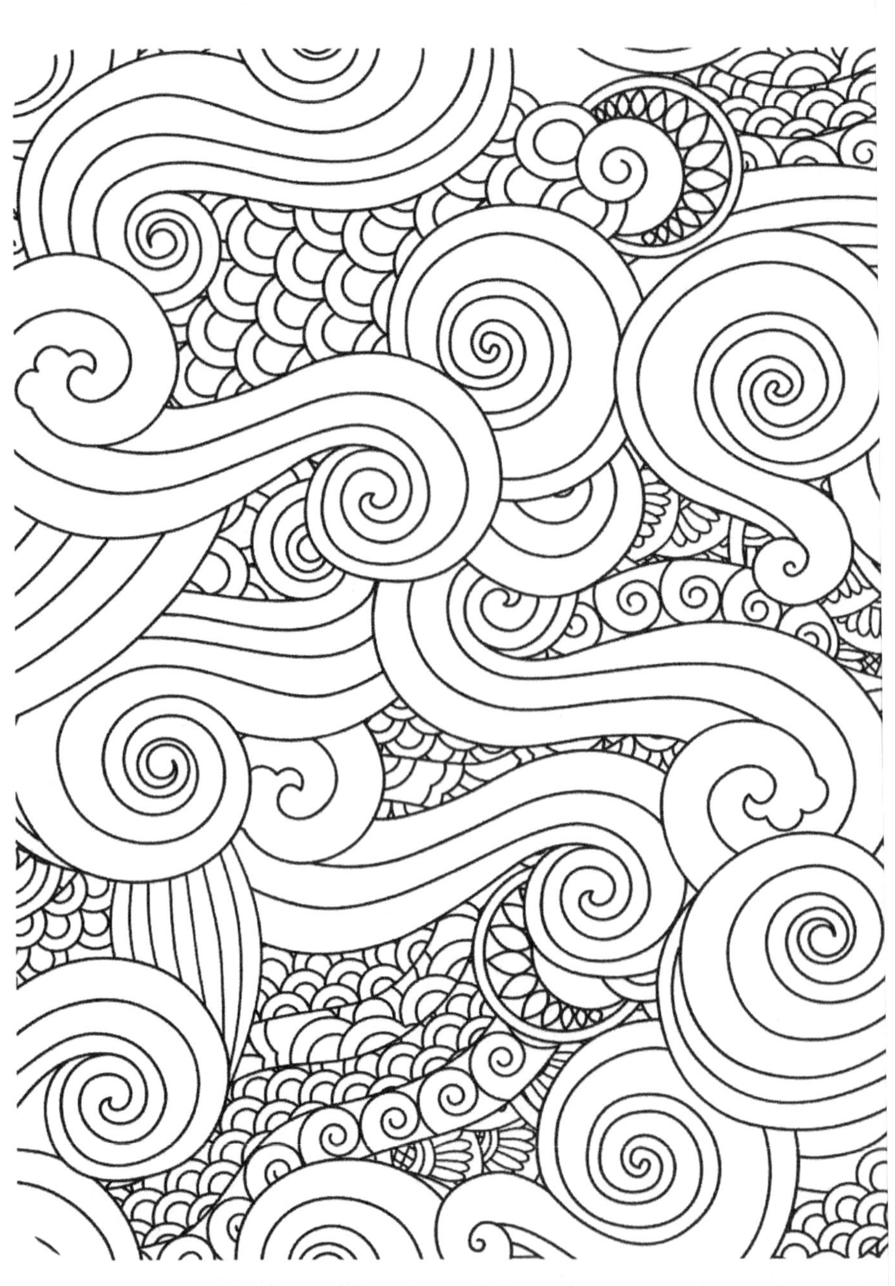

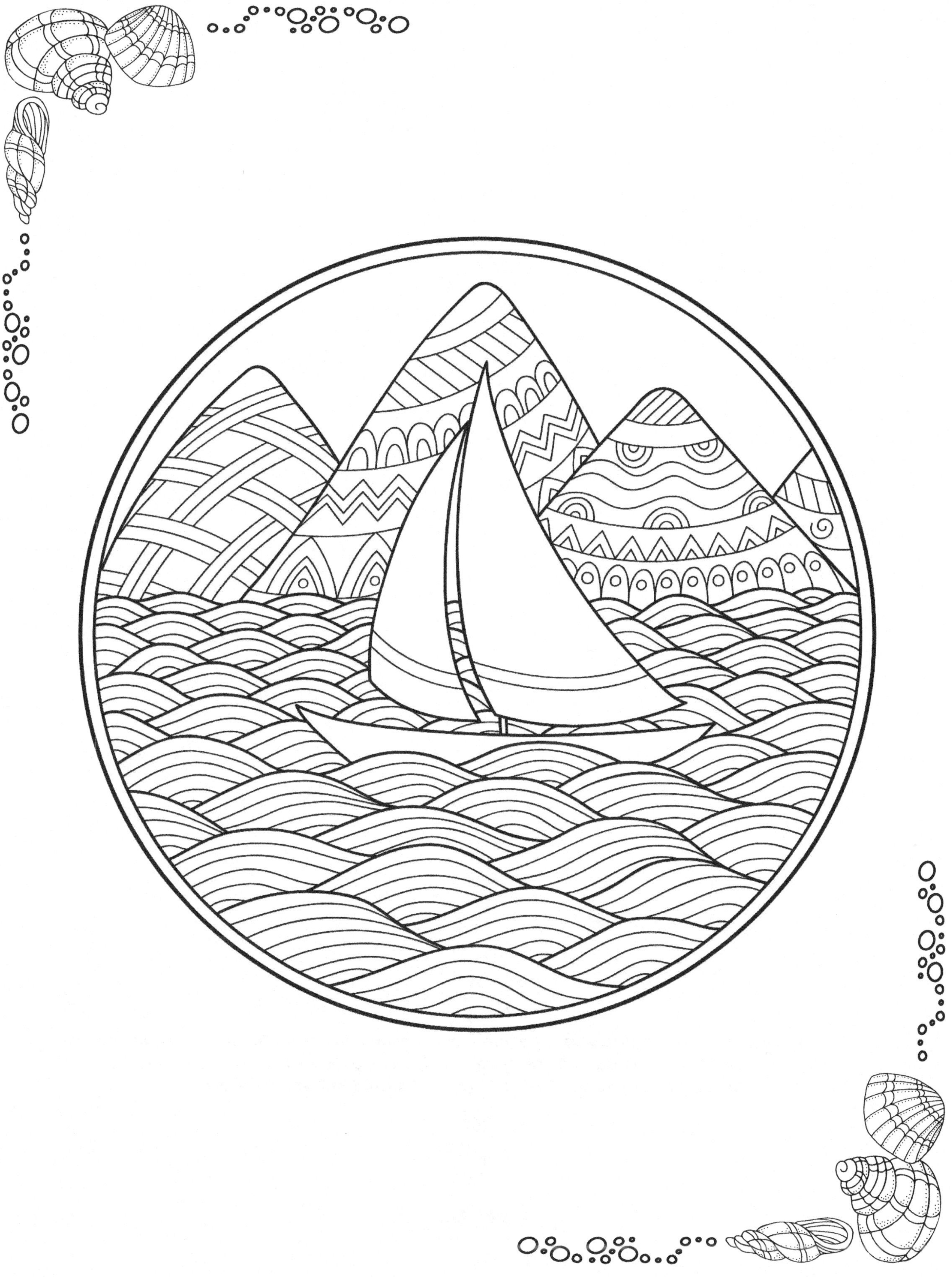

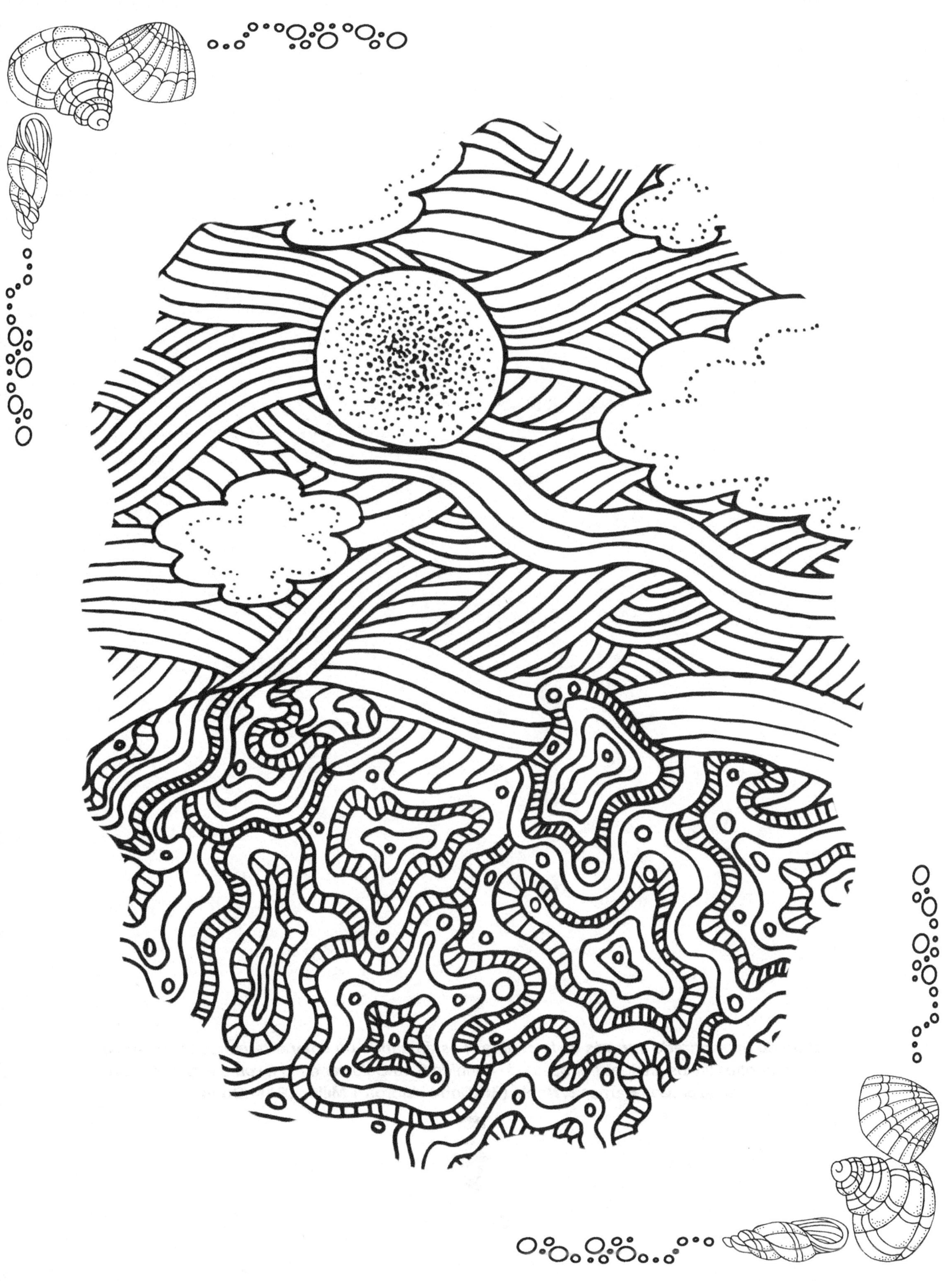

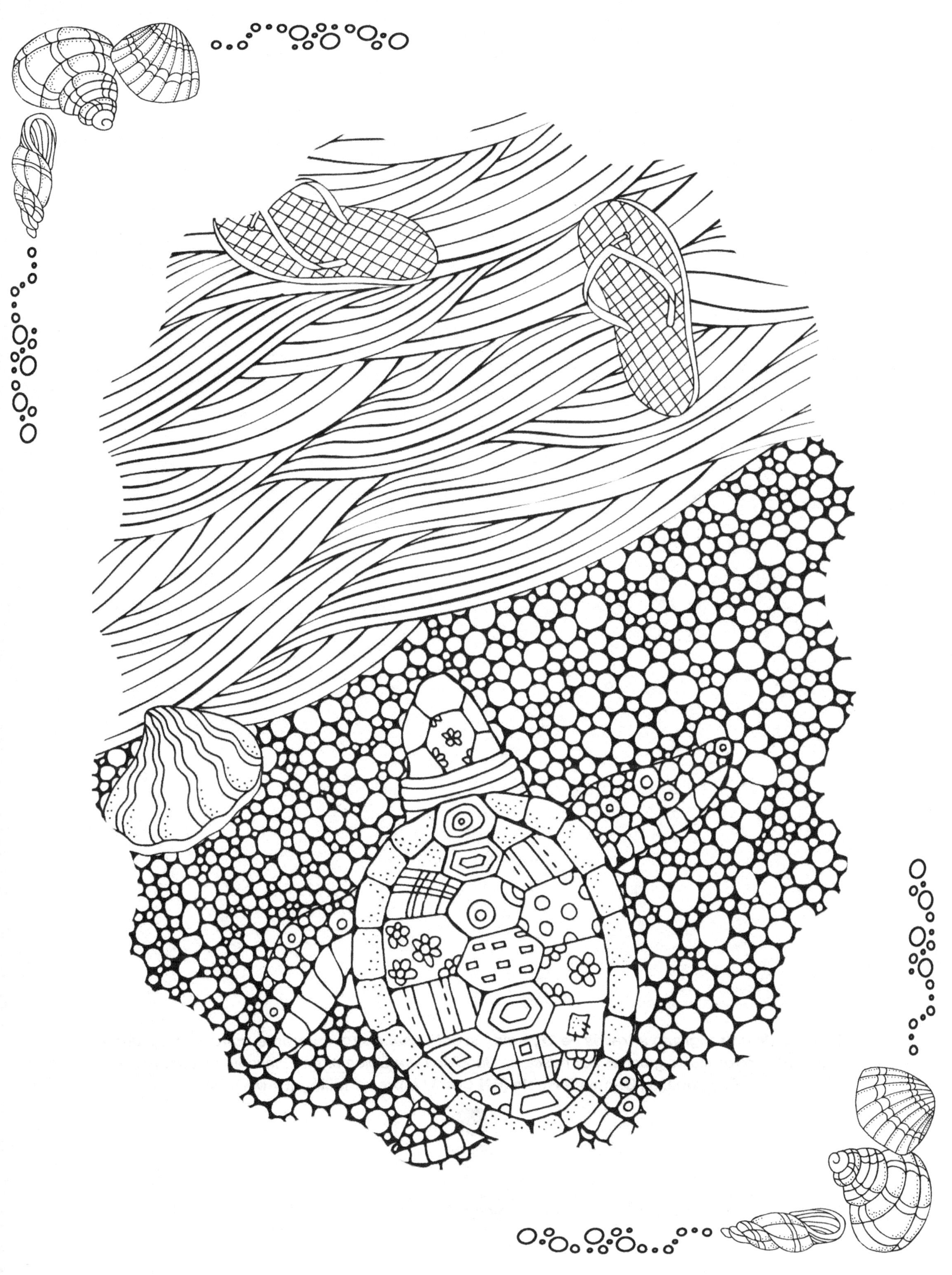

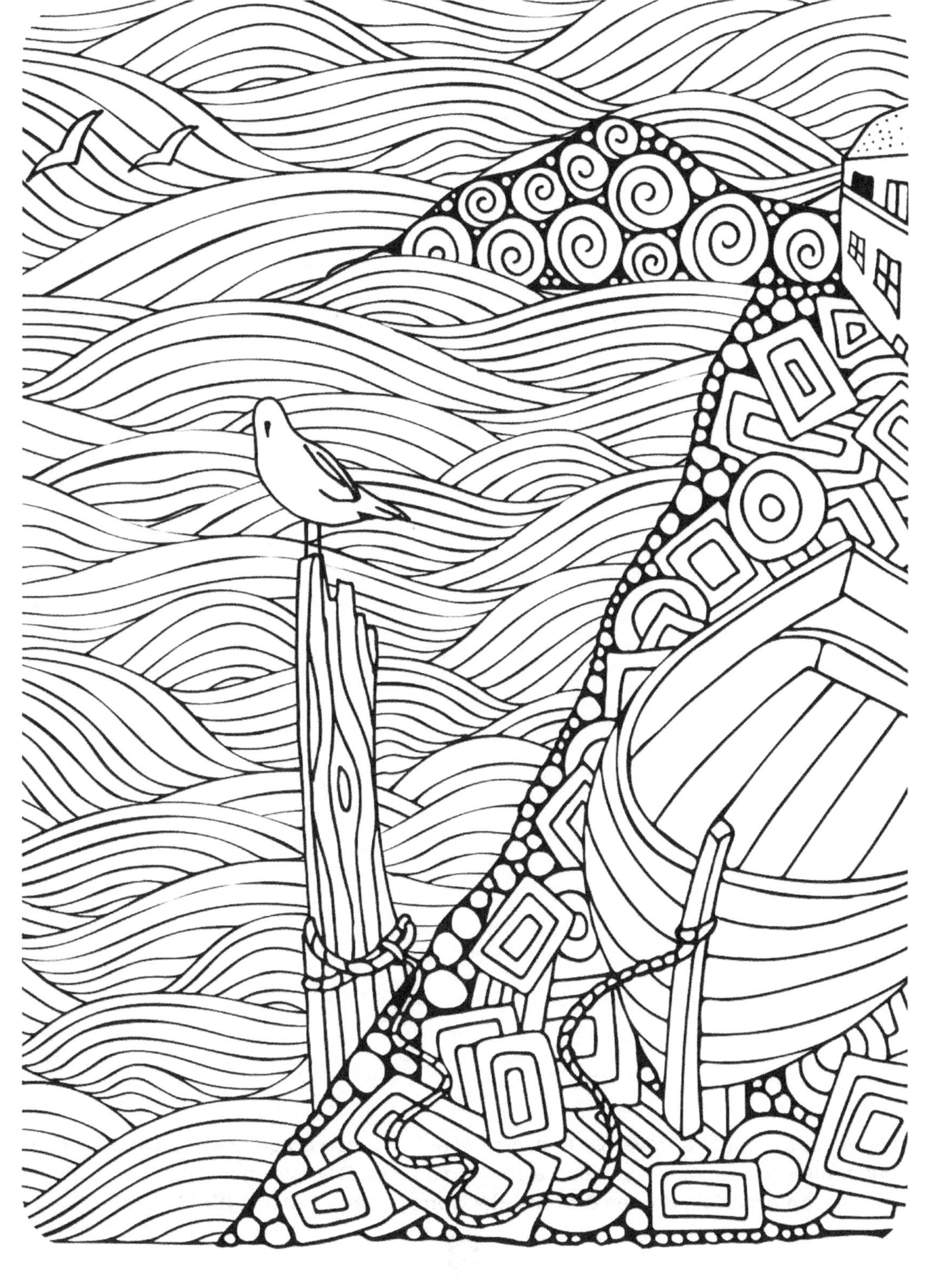

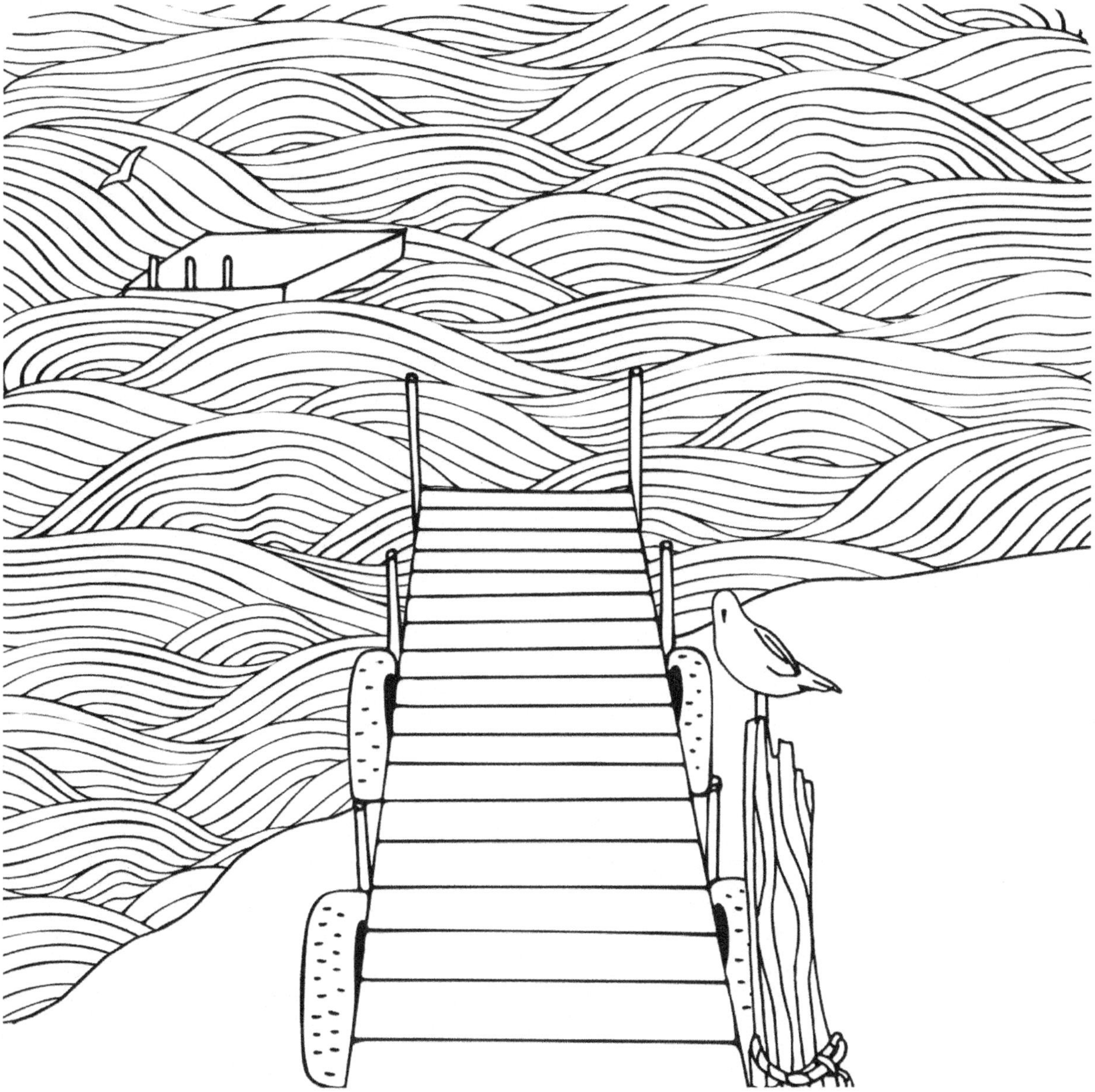

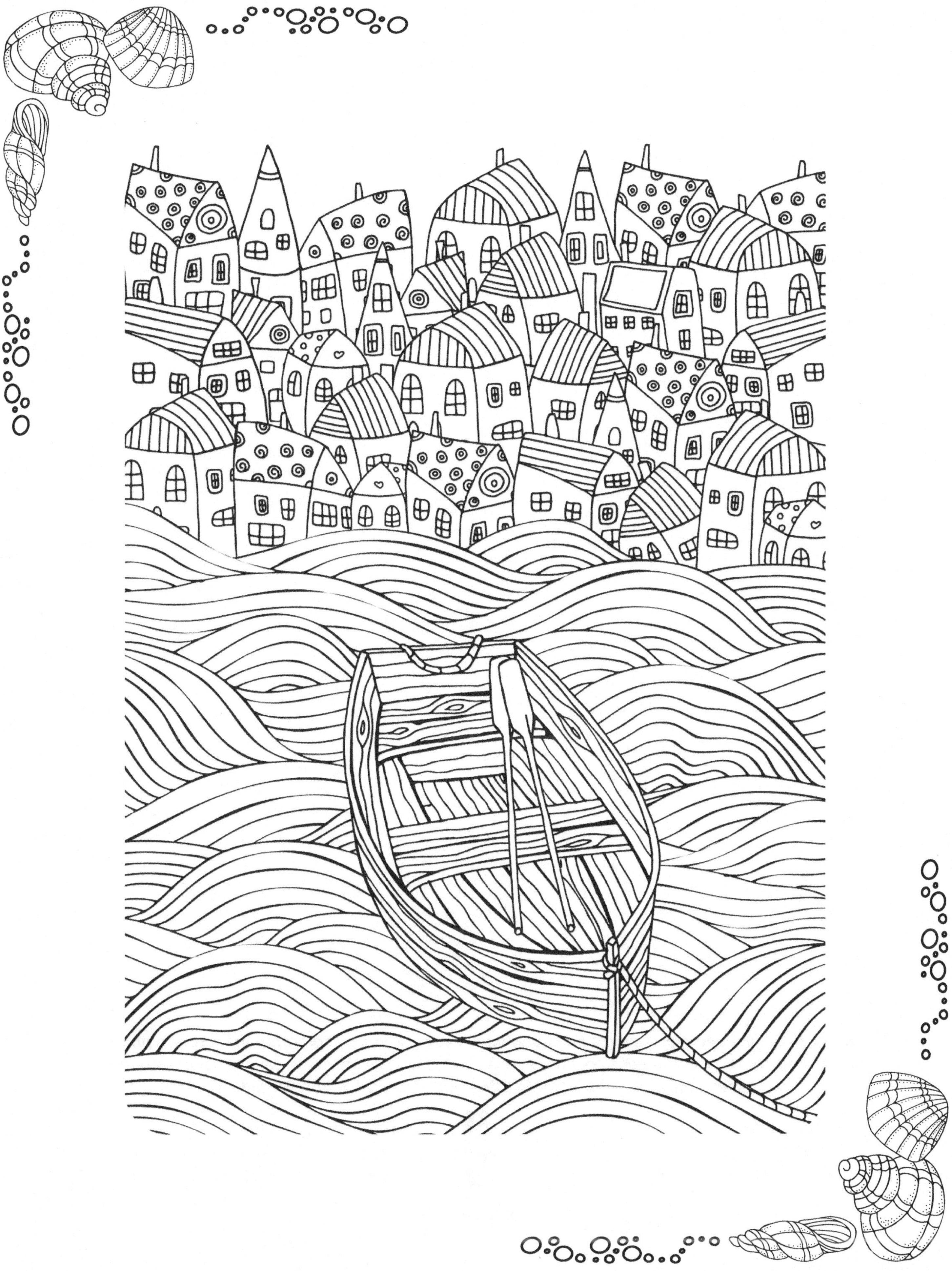

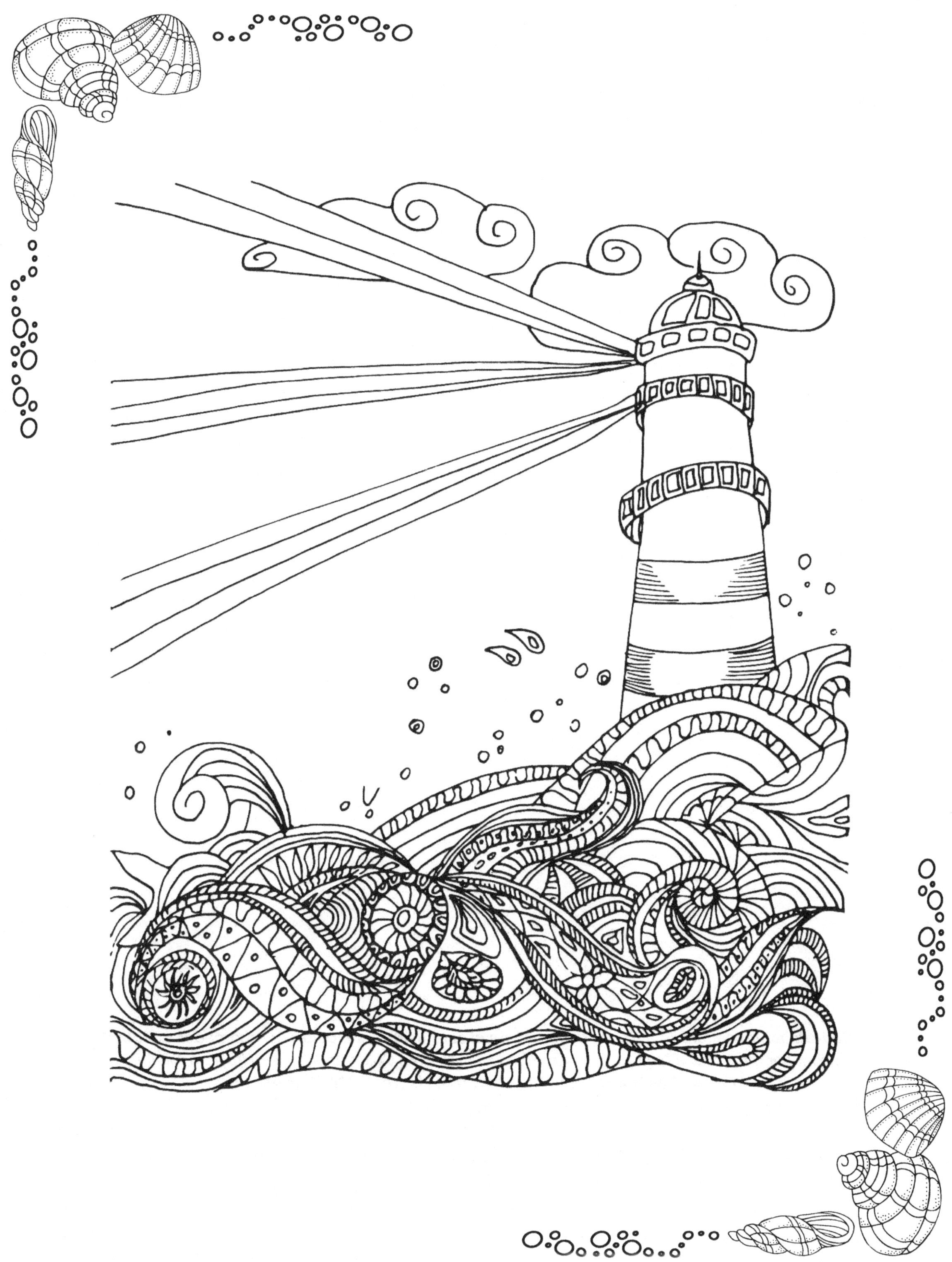

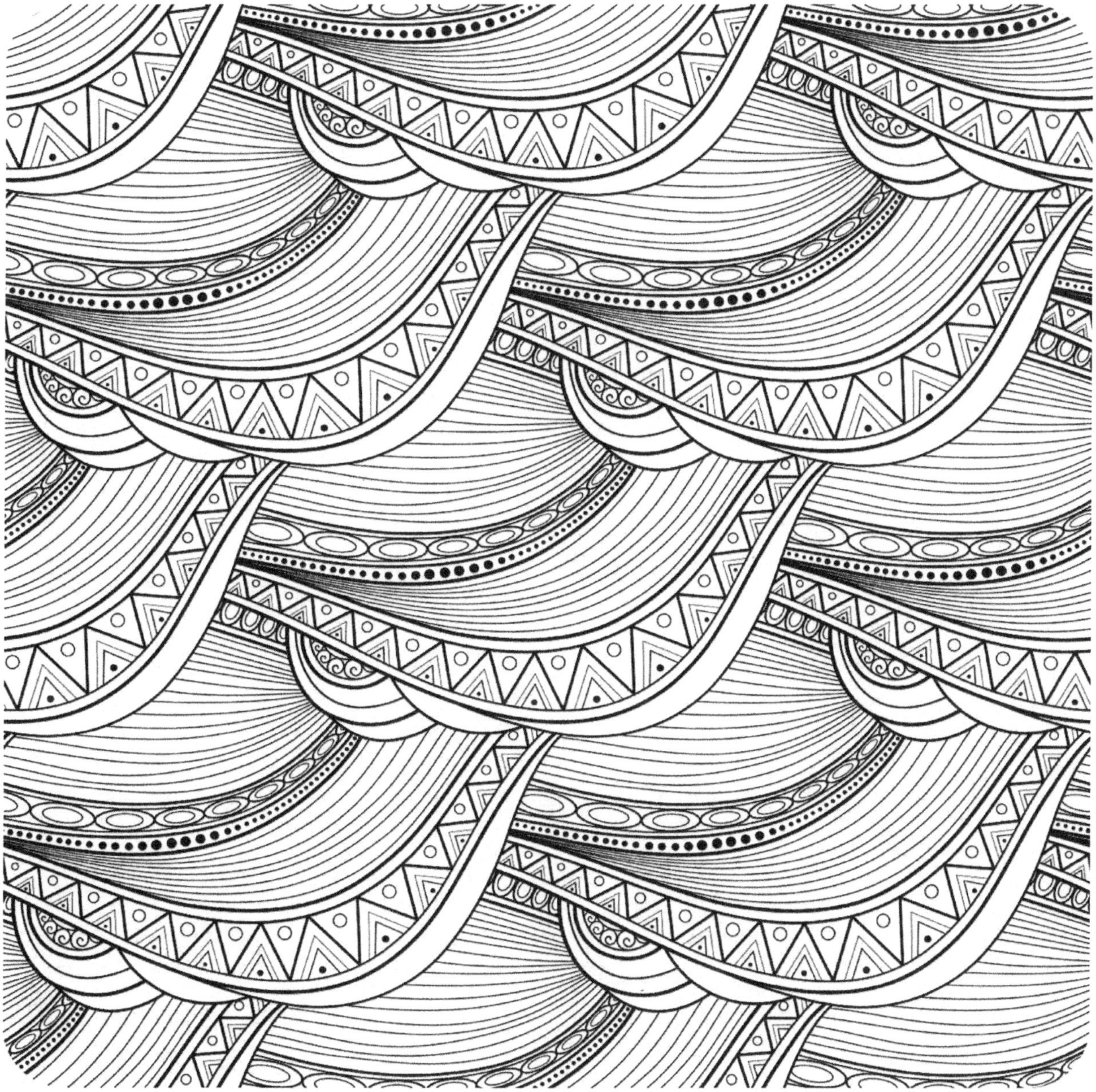

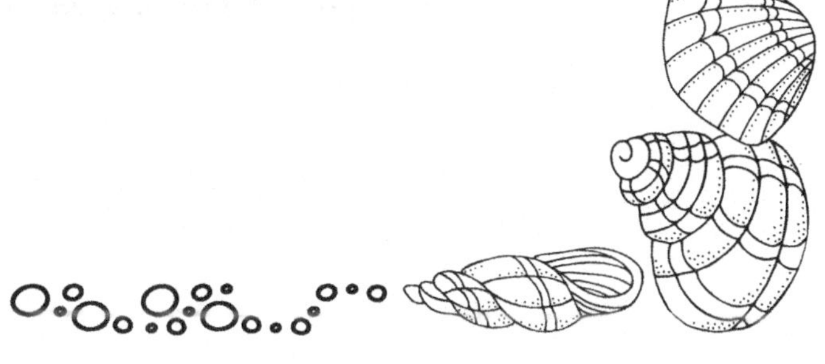

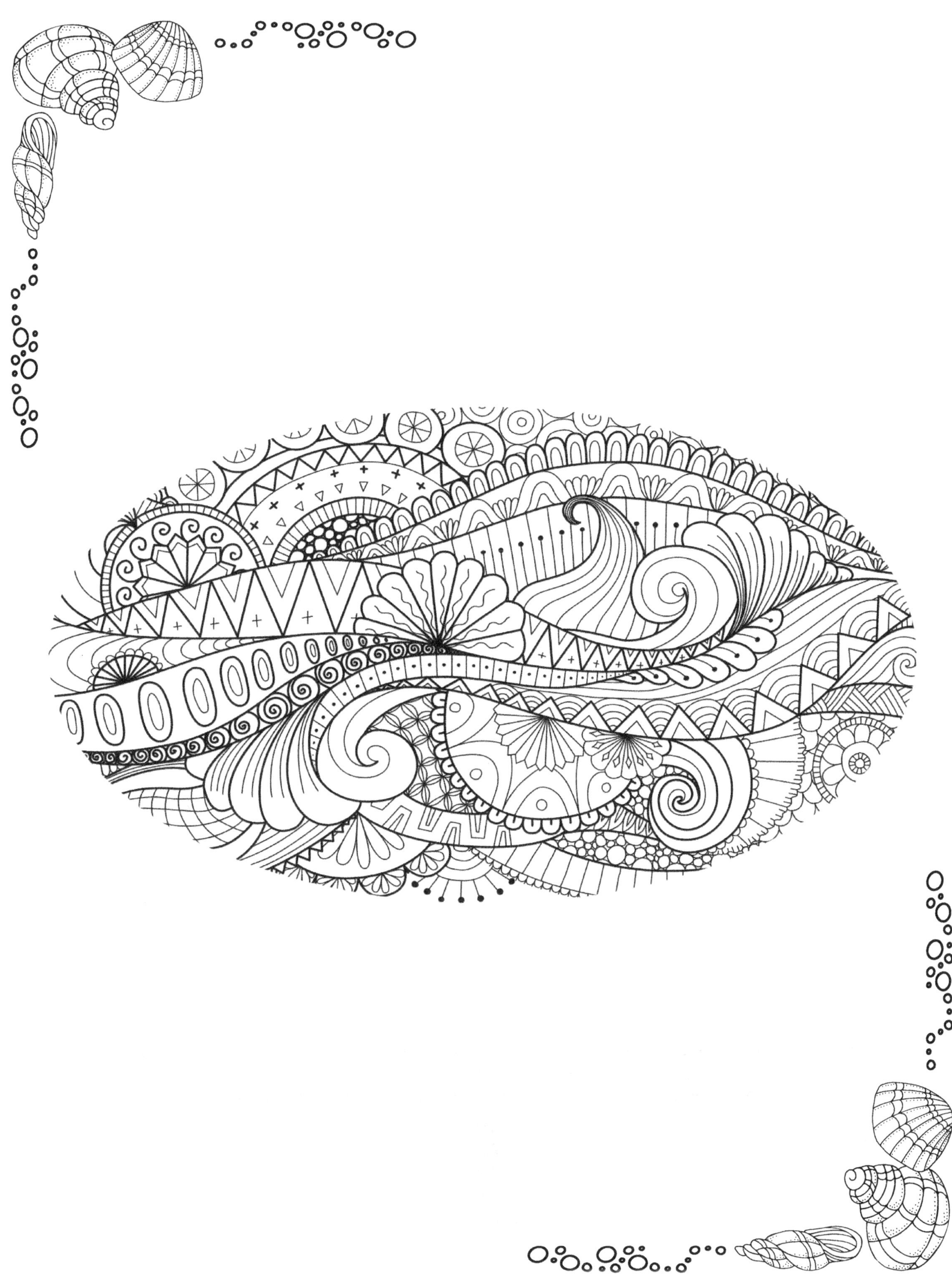

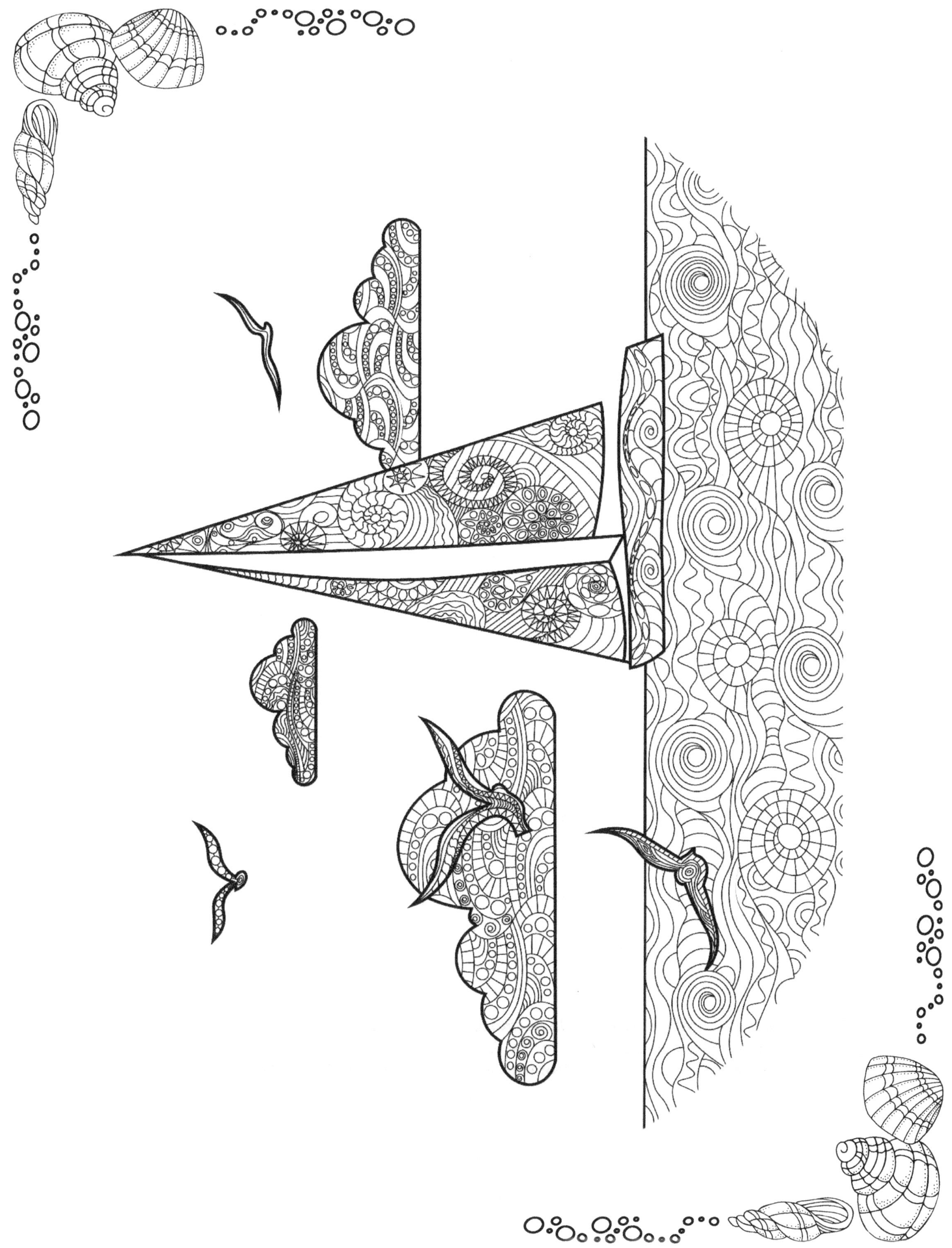

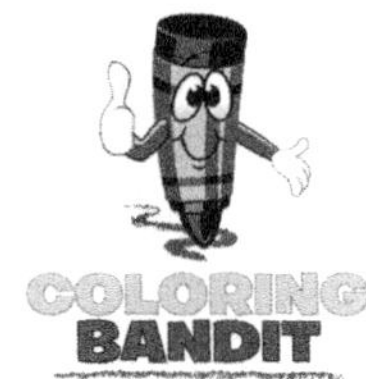

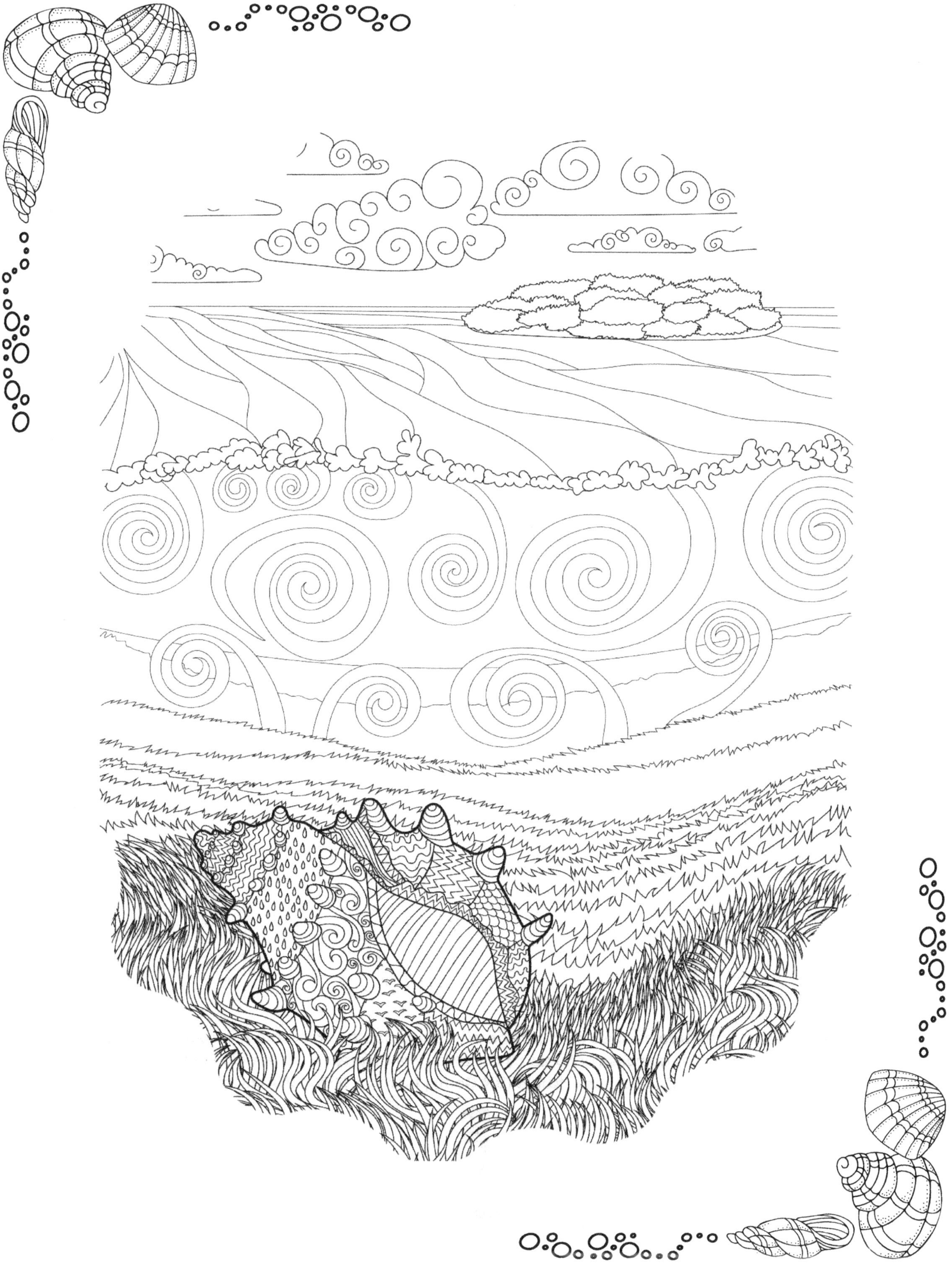

Made in the USA
Monee, IL
07 July 2026

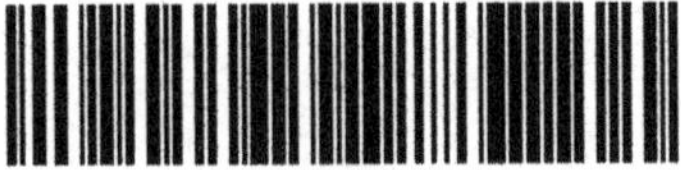